Técnicas de cuestionamiento sistémico para tener más éxito en el trabajo

Cómo aprender el arte de hacer preguntas paso a paso y aplicarlo con éxito como entrenador o directivo

Maximilian Seeberg

CONTENIDO

Qué puedes esperar de este libro

En la vida profesional, te enfrentas constantemente a situaciones que plantean retos o incluso se convierten en problemas graves. A menudo, los equipos acaban manteniendo largas discusiones que finalmente no producen una solución verdaderamente satisfactoria. Por eso, para poder afrontar las dificultades con eficacia, es muy importante dominar las habilidades de diálogo adecuadas. Puedes conseguir mucho en este sentido con la técnica de interrogatorio adecuada.

Las preguntas sistémicas son una de esas técnicas de interrogatorio. Ofrecen la posibilidad de obtener información. Sin embargo, estas preguntas se centran en un cambio de perspectiva: cambiar tu propio punto de vista, cuestionar tus propias pautas de pensamiento y comportamiento y ponerte en el lugar de otras personas implicadas. Todo ello te permite descubrir nuevas ideas, enfoques creativos de las soluciones y un amplio abanico de posibilidades para superar los problemas. Las preguntas pueden utilizarse en diversos ámbitos profesionales. Por ejemplo, en una entrevista de trabajo, al resolver los problemas de un cliente o en caso de desacuerdos dentro de un equipo.

En este libro aprenderás cuándo y cómo puedes utilizar qué preguntas y qué ventajas aporta cada una de ellas. Sin embargo, utilizarlas requiere cierta práctica. Para prepararte para ello, más adelante se presentarán consejos y ejemplos prácticos. Para comprender en profundidad el significado de las preguntas, primero conocerás el trasfondo teórico de las preguntas y de la comunicación entre personas en general.

¿Qué significa "cuestionamiento sistémico"?

Las preguntas sistémicas son un término genérico para una forma especial de preguntas que se utilizan desde hace tiempo en entornos terapéuticos o en coaching. Sin embargo, debido a su efecto, también son cada vez más importantes en la vida cotidiana y en el trabajo. Una buena comunicación es ahora un componente esencial del éxito de las organizaciones y empresas. Pero, ¿qué significa exactamente "buena" en este caso? Significa que la comunicación es sostenible y eficaz.

Diversas investigaciones demuestran que la mayoría de las decisiones erróneas se deben a la falta de información o a la información errónea, al tratamiento inadecuado de la información o a malentendidos en la comunicación[1] . Para contrarrestar esto, se necesita una herramienta de métodos adecuada. Una de esas herramientas son las preguntas sistémicas. Pueden captar mejor la complejidad de los procesos. Al mismo tiempo, reúnen los puntos de vista y a las personas que son importantes para el proceso de búsqueda de una solución. Así se puede encontrar una respuesta conjuntamente.

Hoy en día, los directivos ya no tienen ni pueden hacer un seguimiento de cada empleado del departamento, saberlo todo y decidirlo todo ellos mismos. Es mucho más importante -y esto es lo que deberían hacer en su lugar- adquirir las habilidades para formular las preguntas adecuadas, escuchar a sus interlocutores y desencadenar procesos de reflexión. De este modo, pueden animar a sus empleados a desarrollar nuevas perspectivas y a contemplar los problemas desde un ángulo diferente. Esto es útil, por ejemplo, en las

---

[1] cf. Scholer, S. (2017): El liderazgo en el sector público. Kissing: WEKA Media

reuniones o cuando un cliente se queja, generalmente en situaciones que se prolongan durante mucho tiempo y para las que aún no parece haber solución. He aquí algunos ejemplos en los que las preguntas sistémicas pueden ser útiles:

- Un cliente causa problemas y se pone en peligro la colaboración.
- Adquirir nuevos clientes está resultando más difícil de lo esperado.
- El objetivo es recopilar toda la información posible sobre un solicitante.
- La competencia ha crecido considerablemente.
- Hay problemas interpersonales en el colegio.

Esta lista podría seguir y seguir y debería servirte de pequeño incentivo. ¿Se te ocurren situaciones similares que actualmente te causan problemas a ti, a tus compañeros o a la empresa?

Sin las preguntas que pronto se presentarán, sería difícil y llevaría mucho tiempo encontrar información suficiente y soluciones satisfactorias o, al menos, planteamientos que satisfagan a todos los implicados. Las preguntas ayudan a cambiar la perspectiva, a pensar de forma diferente y, sobre todo, a pensar de nuevo. Como con todo lo que empezamos de nuevo, el comienzo puede ser difícil y parecer desconocido. Es una técnica que requiere cierta práctica para evitar volver a caer en viejos patrones. Al final, sin embargo, encierra un gran potencial. Es aconsejable abordar las preguntas y su aplicación paso a paso y seleccionar primero las preguntas más fáciles de utilizar. Éstas son, por ejemplo, las preguntas circulares y las orientadas a la solución. Las preguntas de escala también pueden utilizarse sin problemas. Estas preguntas también son una buena forma de iniciar una conversación. Como su nombre indica, las preguntas milagrosas y las preguntas paradójicas pueden dejarte a ti y a tu interlocutor algo perplejos si no has practicado su uso. Pero una vez que las domines, pueden abrir muchas oportunidades inesperadas. En cualquier caso, tiene sentido que primero pruebes las preguntas en privado hasta que te sientas más seguro con ellas. Entonces podrás tratar eficazmente con clientes y empleados, así como con problemas y retos.

Básicamente, esto requiere un cambio en nuestra propia comunicación, porque no podemos esperar un cambio sin cambiar también nosotros mismos. Así que da el primer paso. Tus semejantes te lo agradecerán. Como incentivo, te mostraremos algunas posibles ventajas de las preguntas sistémicas:

- Se rompen las pautas de procedimiento en la comunicación y el comportamiento.
- Salen a la luz soluciones creativas.
- Se descubren y utilizan los recursos y el potencial existentes.
- Las conversaciones dan menos vueltas y, por tanto, consumen menos tiempo y energía.
- El sentimiento de pertenencia a la empresa se refuerza a medida que se desencadena la dinámica de grupo, todos los implicados forman parte del todo y se buscan soluciones conjuntamente.

Por supuesto, esta lista no es exhaustiva. Sin embargo, ofrece una buena visión de lo que es posible. Para comprender las cuestiones sistémicas y la comunicación asociada, así como una idea del "sistema humano" con su forma de pensar y actuar, echaremos ahora un vistazo al trasfondo teórico.

COMPRENDER EL TRASFONDO DE LAS PREGUNTAS SISTEMÁTICAS

Para comprender las ideas básicas del pensamiento sistémico y, por tanto, las cuestiones sistémicas, primero es necesario explicar algunos de los conceptos de las teorías subyacentes. Los conceptos de autopoiesis, constructivismo y cibernética de segundo orden constituyen la base. ¿Quizás hayas oído hablar antes de alguno de estos términos? Hay que reconocer que suenan abstractos. Sin embargo, esconden explicaciones impresionantes que son esenciales para comprender el significado más profundo de las cuestiones sistémicas.

La palabra "autopoiesis" procede del griego y se utilizó por primera vez en el campo de la biología. Este concepto caracteriza a los sistemas vivos, por un lado, como un proceso y, por otro, como la capacidad de mantenerse o renovarse continuamente y sólo desde dentro de sí mismos. Por tanto, autopoiesis puede traducirse como "automantenimiento". Un ejemplo de ello son nuestras células, que se reproducen continuamente a sí mismas y a sus componentes. Además, un sistema autopoiético es autónomo en relación con su entorno, es decir, autosuficiente pero no independiente. Por un lado, esto significa que decide por sí mismo cómo quiere interactuar con su entorno. De este modo, puede distinguirse del mundo exterior y formar su propia identidad. Este enfoque se denomina unidad organizativa. En cuanto a la célula, se organiza y estructura de forma independiente, pero no puede ser completamente independiente de su entorno. Absorbe las cosas de su entorno que necesita para sobrevivir. Un ejemplo de ello es la absorción de energía en forma de alimento. Por ello, este principio se denomina "apertura energética". Para trasladar esto al sistema "humano", primero examinaremos otros modelos. En primer lugar, el constructivismo.

El constructivismo es una teoría que aborda la cuestión de si una persona puede reconocer el mundo tal y como es "realmente". La idea básica de esta teoría es que cada persona crea -o construye- su propia realidad individual. De ahí el nombre de constructivismo. En primer lugar, una persona observa y percibe su entorno a través de sus órganos sensoriales. Por ejemplo, oye un fragmento de una conversación y ve las reacciones de los implicados. Estos estímulos pasan al cerebro y allí se interpretan para que pueda formarse una imagen. Aunque sólo hayan observado la situación durante unos segundos, creen saber lo que está bien y lo que está mal, cómo se sienten las personas, qué piensan, etc., y así evalúan la situación.

Sin embargo, esta interpretación está influida por las actitudes, conocimientos y experiencias que las personas ya tienen en su interior. El resultado es una imagen subjetiva de la realidad objetiva. En este caso, la realidad objetiva es el desarrollo real de la conversación. Sin embargo, nadie puede decir cómo transcurrió realmente la conversación. Todo el mundo percibe lo que corresponde a sus pautas previas de experiencia. Cada uno interpreta las situaciones, las conversaciones y los encuentros de forma diferente. Por tanto, nunca podremos saber exactamente por qué las cosas son como son. Toda opinión es siempre sólo una opinión entre muchas. No es un hecho objetivo, sino siempre sólo una posibilidad subjetiva. Así es como reducimos la complejidad, ya que no podemos captar la "totalidad de la realidad", es demasiado diversa para ello. Con el tiempo y con cada experiencia (similar), desarrollamos rutinas, opiniones, ideas y conceptos que nos facilitan la vida cotidiana. Por un lado, estas rutinas y conceptos proporcionan un marco de orientación y hacen que las personas seamos capaces de actuar, de modo que no tengamos que replantearnos constantemente cómo hacemos las cosas. Por otro lado, esto también puede crear "puntos ciegos". Pasamos la mayor parte de nuestro tiempo ocupándonos de cosas que son importantes para nosotros, abordando las tareas de la forma en que siempre las hemos hecho porque este camino ha demostrado ser el más adecuado para nosotros hasta ahora y nos ha llevado a nuestro objetivo. Todas estas cosas suelen ocurrir inconscientemente y son automáticas. Son rutinas y hábitos que siempre hemos hecho. Pero, ¿en qué consisten estos "puntos ciegos"?

Desde un punto de vista médico, estos puntos ciegos existen realmente: son lugares del campo visual donde el ojo no puede ver nada. El nervio óptico está fusionado con la retina en estas zonas. Por tanto, aquí no hay fotorreceptores. Estos receptores reciben estímulos luminosos y transmiten esta información visual al sistema visual para su posterior procesamiento. La ausencia de receptores provoca ceguera localizada, aunque no deja un punto negro o similar en nuestro campo de visión. Vemos con normalidad, como si el punto ciego no existiera. Esta información incompleta es "filtrada" por las áreas del cerebro encargadas del procesamiento de imágenes, de modo que no notamos los puntos ciegos en la vida cotidiana. Por tanto, la ceguera parcial no se percibe. Ni como algo que está ahí, ni como algo que falta. El filósofo y físico Heinz von

Foerster lo describe así: "No vemos que no vemos". Hay algunos sitios web en Internet que ofrecen breves animaciones para ayudarte a "ver" este punto ciego. Pruébalo por ti mismo. ¡Es realmente emocionante!

Esta ceguera parcial también puede trasladarse como metáfora a otros ámbitos de la vida. Por ejemplo, en el ámbito de la observación y la comunicación. Como acabas de aprender, en el sentido del constructivismo, toda observación depende de las propias experiencias. De este modo, cada uno llega a su propia observación subjetiva, que no capta la realidad en su totalidad o que, debido a su complejidad, es incapaz de captarla en absoluto. Por tanto, una observación nunca puede ser objetiva.

Y aquí es donde entra en juego la cibernética de 2º orden. La cibernética general es originalmente un campo científico de investigación que investiga los mecanismos de regulación y control de los sistemas biológicos, técnicos o incluso sociológicos. La atención se centra aquí en la investigación y en la cuestión de lo que se observa.

Basándose en esto, la cibernética de 2° orden describe la observación de esta investigación. La cuestión aquí no es qué se observa, sino cómo. La observación se ve desde fuera. Esto también puede describirse como el metanivel de la observación. El objetivo de este metanivel es detectar los puntos ciegos descritos anteriormente y hacerlos visibles. El problema no es tanto que no veamos, sino que es mucho más grave que no veamos lo que no vemos. Dicho de un modo más sencillo: que no reflexionamos sobre nuestros pensamientos y acciones. Si no nos damos cuenta de que sólo tenemos nuestra propia realidad en la cabeza, que se basa en nuestras experiencias subjetivas, y olvidamos que también existen otras realidades, experiencias y opiniones, nunca podremos comprender a nuestros semejantes y sus motivos. En cambio, si observamos y reflexionamos sobre nuestros propios pensamientos y acciones, también podremos tomar conciencia de otras realidades. La cibernética de segundo orden nos invita a comprometernos con las perspectivas de nuestros semejantes y nos abre a sus realidades.

¿Cómo puedes integrar estas teorías en tu vida cotidiana de forma que te sean de utilidad práctica? Piensa en cómo puedes conocer el mundo y las motivaciones de tus semejantes de forma directa. Así es, hablando con ellos. Comunicación es la palabra clave aquí. Por ello, a continuación se presentan los modelos de comunicación de Watzlawick y Schulz von Thun.

Paul Watzlawick fue un filósofo, psicoterapeuta y científico de la comunicación austriaco. Su modelo contiene 5 de los llamados axiomas, es decir, reglas universalmente válidas. Probablemente ya habrás oído la primera regla básica del modelo. Dice así: No puedes no comunicarte. Esto significa que la comunicación tiene lugar en cualquier situación. La comunicación no sólo es posible a nivel verbal, sino también no verbal a través del comportamiento y el lenguaje corporal.

El segundo axioma afirma que toda comunicación tiene un aspecto de contenido y un aspecto de relación. El aspecto de contenido se refiere a toda la información que una persona, es decir, el emisor, transmite a otra persona, es decir, el receptor. La forma en que esta información es entendida por el receptor depende, entre otras cosas, de la relación entre estas personas. Los gestos, las expresiones faciales o el tono de voz dan expresión a la relación.

El tercer axioma describe que la comunicación es siempre causa y efecto al mismo tiempo. Por tanto, cómo y qué comunica el socio A tiene un efecto sobre el socio B. Este último reacciona entonces a lo que se dice, lo que a su vez es la base de la reacción de A. Por tanto, la comunicación nunca tiene un punto final "real". Aunque una conversación termine, en el siguiente encuentro se retoman inconscientemente emociones y pensamientos similares.

El cuarto axioma dice que la comunicación humana es digital y analógica. Digital significa aquí la palabra hablada, con la que se transmite claramente la información. La comunicación analógica implica comunicación no verbal. Por tanto, la otra persona tiene margen de interpretación y puede interpretar lo que se dice de distintas maneras. Por tanto, este axioma enlaza con el primero.

El último axioma se refiere al nivel de comunicación. Éste puede ser simétrico o complementario. La comunicación es simétrica cuando los interlocutores están a la altura de los ojos. Mientras que las similitudes ocupan aquí un lugar central, en la comunicación complementaria lo importante son las diferencias. Estas diferencias existen, por ejemplo, en las relaciones entre padres e hijos, entre superiores y empleados y entre profesores y alumnos. Ambas partes pueden utilizar estas diferencias para complementarse, o bien una se deja dominar por la otra y se subordina, lo que a menudo no ofrece ningún valor añadido para ninguna de las partes. Estos axiomas resumen algunas conclusiones básicas sobre la comunicación interpersonal. En particular, tratan el aspecto de la relación.

El modelo cuádruple desarrollado por el psicólogo de la comunicación Friedemann Schulz von Thun va más allá del aspecto relacional. Además del aspecto relacional, un mensaje transmite un mensaje factual, una autoafirmación y una apelación. Veamos más detenidamente los cuatro aspectos. El mensaje fáctico de un mensaje es la información relacionada con el contenido que el emisor envía al receptor. Al mismo tiempo, cada expresión dice algo sobre el emisor, normalmente de forma inconsciente. Los gestos, las expresiones faciales y el tono de voz proporcionan información sobre las emociones, valores y necesidades del emisor. Esto permite que el receptor perciba que hay algo más en el mensaje que el mero contenido. Esto también alude al nivel de relación. Muestra cómo se relaciona el destinatario con el emisor, es decir, cómo es su relación. Aquí también desempeñan un papel importante la postura, el tono de voz, la redacción, etc. Según lo que perciba el destinatario en este nivel, puede sentirse respetado o condescendiente, valorado o agredido, por ejemplo. Y aquí es donde la idea constructivista de antes también puede encontrar su lugar. Nuestra visión del mundo, es decir, cómo vemos el mundo y qué es para nosotros la "realidad", también determina cómo se recibe un mensaje y cómo lo interpretamos.

Sigamos con el cuarto nivel, la apelación. Con su declaración, el remitente también quiere pedir al destinatario que haga o deje de hacer algo. La apelación puede formularse abiertamente como una petición o un deseo, por ejemplo, o puede situarse entre líneas y, por tanto, no resultar obvia o incluso manipuladora.

Toda conversación contiene estas cuatro vertientes, tanto cuando se habla como cuando se escucha. El nivel de los hechos suele ser el más sencillo, siempre que el emisor y el receptor tengan conocimientos comparables sobre el tema en cuestión. Pueden producirse malentendidos si uno de los lados recibe una ponderación diferente por parte de los interlocutores, es decir, si a cada uno de ellos se le atribuye un significado distinto. Por ejemplo, la intención principal del emisor es hacer un llamamiento al receptor. Sin embargo, como el receptor escucha principalmente con el "oído de la relación" debido a su personalidad, sus experiencias o su día más bien mediocre hasta el momento, se siente atacado, aunque ésta no era en absoluto la intención del emisor. Hay muchas razones por las que una persona oye más por un oído y menos por el otro. Pueden deberse a la socialización, la educación, la experiencia o los antecedentes. La imagen que el receptor tiene de sí mismo y del emisor también desempeña un papel importante. Si el receptor tiene baja autoestima, el oído de la relación toma rápidamente protagonismo e interpreta los mensajes inofensivos como humillantes para sí mismo. La imagen que tenemos de nuestro interlocutor, ya sea como colega amistoso o egoísta, también influye en la interpretación de las afirmaciones.

¿QUÉ PUEDES DEDUCIR DE ESTO?

Para resumir estas construcciones teóricas, se pueden resumir como sigue: El **concepto de autopoiesis nos ha** enseñado que un sistema actúa de forma autónoma, pero no completamente independiente de su entorno. Los seres humanos también pueden entenderse como un sistema de este tipo. Por tanto, según este concepto, cada uno decide por sí mismo con quién entra en contacto, qué piensa y cómo actúa. Sin embargo, como seres sociales, las personas no pueden ser completamente independientes de su entorno. No obstante, según el **pensamiento constructivista,** cada uno tiene su propia realidad, que se caracteriza por experiencias subjetivas. Por tanto, nuestra propia realidad nunca puede reflejar las situaciones tal y como son en realidad. A menudo somos parcial o incluso completamente ciegos a otras opiniones e ideas. Por eso es tan importante que seamos conscientes de esta visión parcial. En el sentido de la **cibernética de segundo orden,** podemos observar nuestros pensamientos y acciones, hablar de ellos, reflexionar sobre ellos y cambiarlos en consecuencia. El elemento central aquí es la comunicación. Según los **5 axiomas**, la comunicación incluye tanto el lenguaje como el comportamiento. Además, la comunicación es siempre circular, por lo que en realidad nunca termina y es a la vez causa y efecto. Además, las **cuatro caras de la comunicación** describen que una declaración transmite algo más que pura información. Lo que digo y, sobre todo, cómo lo digo muestra lo que siento por la persona con la que hablo, lo que quiero de ella y, en última instancia, dice algo sobre mí y mi personalidad.

Así que empecemos por centrar nuestra atención en nosotros mismos, en nuestros filtros. ¿Por qué decimos algo como lo decimos? ¿Por qué nos tomamos lo que decimos como nos lo tomamos? Los mensajes cotidianos pueden ser percibidos e interpretados de forma diferente por cada persona. Por tanto, albergan mucho potencial, tanto para una cooperación positiva y constructiva como para malentendidos o incluso conflictos. Si observamos cómo nos hablamos y hablamos de cómo nos hablamos, podemos desarrollar una conciencia de estos aspectos y, por tanto, también de nuestros semejantes. Notaremos diferencias en nuestra forma de ver las cosas y nos daremos cuenta de qué temas podemos introducir en nuestra comunicación a partir de nuestra propia biografía, normalmente de forma inconsciente.

Las preguntas sistémicas son una forma de alcanzar este metanivel de observación y comunicación. Abren nuevas perspectivas. Podemos sumergirnos en las realidades de los demás e intentar comprender mejor sus pensamientos y acciones. Esto es deseable tanto en la vida privada como en la profesional. Para contrarrestar los problemas interpersonales y las dificultades empresariales, es importante dejar de ver nuestra propia realidad de forma aislada, y situar toda la realidad -incluida la de nuestros semejantes- en un contexto dinámico.

Pensar sistémicamente significa, por tanto, saber que las percepciones de todos los interlocutores son siempre subjetivas y que esa subjetividad se refleja también en su lenguaje y su comportamiento. Para comprender el lenguaje y el comportamiento de un individuo, debemos ser conscientes de que todos están en constante interacción con los demás actores implicados. Por tanto, nos encontramos en un sistema muy complejo de realidades diferentes. Pero, al mismo tiempo, esto también explica que no pueda haber explicaciones monocausales ni, por tanto, soluciones sencillas a los conflictos y dificultades. Por tanto, todos los implicados deben participar en la búsqueda de una solución, pero, según la autopoiesis, no podemos cambiar a los demás de la forma que más nos convenga o que nos gustaría.

A modo de recordatorio: un sistema autopoiético no es completamente independiente de su entorno y debe interactuar con él, por ejemplo en forma de ingesta de alimentos. Sin embargo, es tan autónomo que él mismo, en este caso el ser humano, decide por sí mismo cómo se comportará o no. En consecuencia, los cambios en los demás son posibles principalmente mediante "estímulos". Éstos pueden lograrse, por ejemplo, en forma de preguntas sistémicas y el cambio de perspectiva asociado. En última instancia, sin embargo, la decisión de cambiar de comportamiento corresponde a cada individuo. La motivación para hacerlo debe proceder del propio impulso si se quiere mantener a largo plazo. Es lo que se denomina motivación intrínseca. Por tanto, las preguntas sistémicas deben plantearse desde una metaperspectiva. Esto significa observar mi comportamiento, mi comunicación y la de mis semejantes desde esta misma perspectiva y reflexionar sobre ello junto con ellos.

Las variantes de las preguntas sistémicas

Este capítulo te presenta las preguntas sistémicas. Se describen éstas y sus respectivas ventajas. Esto te dará una idea de cuándo puedes utilizar mejor cada pregunta. También se dan ejemplos de cada pregunta. Recuerda el trasfondo teórico que acabamos de explicar. Podrás comprender mejor las preguntas y su formulación si tienes presentes estas teorías. También puedes crear tus propias preguntas para las distintas categorías que mejor se adapten a tu situación. Pero no te preocupes, siempre puedes volver atrás y recordar el trasfondo teórico si lo necesitas. Así que empecemos con la primera pregunta sistémica.

PREGUNTAS CIRCULARES

El problema descrito anteriormente radica básicamente en que siempre vemos una situación desde la misma perspectiva y con nuestra propia comprensión del mundo o de la realidad y, por tanto, siempre nos comportamos de la misma manera. Las preguntas circulares amplían la perspectiva del entrevistado al incluir las realidades frecuentemente descritas de terceros. El comportamiento de las personas no está determinado por lo que los demás piensan realmente de ellas, sino por lo que ellas creen que se piensa de ellas. Y es precisamente esta perspectiva en tercera persona el centro de las preguntas circulares. Por eso son el núcleo de las preguntas sistémicas. En ellas se pregunta por las posibles valoraciones de las personas que "circulan" en el entorno del entrevistado. Pueden ser, por ejemplo, el superior jerárquico del entrevistado, sus compañeros o subordinados, así como personas de su entorno privado, como su pareja o sus amigos. Ponerse en el lugar de otras personas permite considerar y reflexionar sobre su punto de vista. Al pensar "a la vuelta de la esquina", muestras empatía y comprensión hacia las realidades de otras personas. Esto puede dar lugar a nuevos enfoques e ideas.

Esto es posible tanto en una conversación con un solo interlocutor como en presencia de la persona cuya perspectiva se está tomando. Esta persona puede entonces dar una respuesta directa. A menudo, sólo entonces se pone de manifiesto por qué algunas situaciones y afirmaciones están muy personalizadas, hieren a la otra persona y, por tanto, en general no son muy útiles. Ser consciente de estos aspectos forma parte de la base de un ambiente de trabajo de confianza y positivo. Para ayudarte a visualizar las preguntas circulares, aquí tienes algunos ejemplos. Puedes preguntar así

- Ponte en el lugar de tu colega X. ¿Cómo se comportaría en esta situación? ¿Cómo se sentiría?

- Intenta imaginar a un observador de esta situación. ¿Qué observaría y qué diría al respecto?

- Si preguntara a tus empleados qué les motivaría, ¿qué dirían?

- ¿Qué diría tu socio si le propusieras un cambio con estas consecuencias?
- Si preguntas a tus compañeros qué ambiente reina en el equipo, ¿cómo lo describirían y qué les gustaría cambiar?

Como ilustran estas preguntas, las preguntas circulares pueden utilizarse como herramienta de análisis e intervención. Por un lado, puedes obtener información, por ejemplo, sobre el ambiente dentro del equipo. Por otro lado, los entrevistados también hacen sugerencias de mejora, que puedes utilizar para iniciar las medidas de cambio adecuadas.

Si un encuestado es incapaz de dar una respuesta a una pregunta, como qué piensa la persona X sobre una determinada situación, esta respuesta también te proporcionará información importante. Te indica que no se ha reflexionado o se ha reflexionado poco sobre las opiniones de otras personas. Si observas esto con frecuencia, puedes preguntarte si tu equipo se siente realmente como un equipo o si cada uno va a lo suyo sin prestar mucha atención a los demás. Aquí es donde pueden ser útiles las medidas de creación de equipos. Las preguntas circulares también ofrecen otras ventajas. Por ejemplo

- El entrevistado reflexiona sobre sí mismo y sus relaciones desde una metaperspectiva.

- Al ponerse en el lugar de otras personas, puede adoptar diferentes perspectivas y puntos de vista.

- Pueden salir a la luz cuestiones personalmente delicadas que deberían tratarse con cuidado en el futuro.

- También rompe patrones de pensamiento arraigados e introduce nuevas formas de ver las cosas, lo que hace visibles nuevos enfoques de soluciones y

- se puede reconocer la dinámica dentro de un grupo o entre compañeros.

Al final de las preguntas circulares, es importante saber que tanto formularlas como responderlas suele ser algo desconocido. Su aplicación requiere precaución y práctica por ambas partes. Además, las preguntas circulares no deben hacerse continuamente. Suelen parecer artificiales. Date tiempo a ti mismo y a tus interlocutores. Al final, se pueden explorar y descubrir los procesos que prevalecen en un grupo. Estos nuevos patrones de pensamiento emergentes constituyen la base del cambio.

PREGUNTAS ORIENTADAS A SOLUCIONES Y RECURSOS

Cuando surgen problemas importantes, la gente suele centrarse inconscientemente y de forma exclusiva en ellos. El pensamiento es predominantemente negativo. Cuanto mayor es el problema, más negativa es la actitud de los implicados. Por supuesto, es importante diagnosticar los problemas para ser conscientes de su existencia en primer lugar. Sin embargo, un enfoque puramente orientado al déficit sólo perpetúa el problema. Salir de este ciclo es difícil. Una posibilidad la ofrecen las preguntas orientadas a la solución o a los recursos, que, como su nombre indica, se centran en las soluciones y examinan los recursos que existen en el equipo y que pueden utilizarse para superar el problema. Estas preguntas influyen positivamente en los debates. Por ejemplo, examinan qué estrategias y opciones ya se han utilizado y cuáles aún no se han descubierto y pueden probarse. La organización general más positiva de los debates también permite un ambiente de trabajo más agradable en el que es más fácil para los implicados encontrar soluciones. Esto es precisamente lo que impide un enfoque centrado en los problemas. A modo de ejemplo, puedes plantear las siguientes preguntas:

- ¿Qué situaciones ya hemos dominado que eran igual de difíciles?
- ¿Cómo se ha resuelto este problema en el pasado?
- ¿Qué enfoque ha demostrado ser especialmente eficaz?
- ¿Qué necesitamos para que todo vaya sobre ruedas?
- ¿Qué competencias necesitamos para la solución? ¿Y quién tiene esas capacidades?
- ¿Qué otros factores son importantes para el éxito?

Estas preguntas te ayudarán a centrarte en lo positivo. Los pensamientos demasiado negativos nos bloquean en nuestras acciones. Todo lo que pensamos se expresa también en nuestras acciones, que a su vez influyen en nuestro pensamiento. Estas preguntas tienen exactamente el efecto contrario. Crean un contexto positivo en el que el problema puede abordarse de forma orientada a la solución.

Otras ventajas de este tipo de pregunta son

- Los recuerdos de cómo se resolvieron con éxito las dificultades anteriores.

- Esto refuerza la conciencia de que las soluciones son posibles y de que el equipo ya ha superado con éxito fases difíciles.

- La atención se centra en las oportunidades y los recursos disponibles.

- Los pensamientos negativos permanecen en segundo plano.

- Así como largas discusiones sobre el problema. En última instancia, esto nos lleva a una solución más rápidamente.

Las preguntas pueden generar ideas insólitas. Aquí todas las habilidades son importantes y necesarias. Esto también refuerza el espíritu de equipo. La atmósfera positiva en la que todos son necesarios es lo contrario del ciclo de pensamiento negativo. Se trata de descubrir posibilidades, talentos, personas y situaciones que puedan contribuir a resolver el problema.

PREGUNTAS HIPOTÉTICAS

"¿Y si...? Las preguntas hipotéticas pueden resumirse en algo así. Son preguntas dirigidas hacia el futuro. Ofrecen la oportunidad de jugar con nuevas perspectivas y soluciones en tu mente. El objetivo no es encontrar una solución directa a un problema concreto, sino experimentar y evaluar formas y deseos. La respuesta a una pregunta de este tipo describe situaciones teóricamente posibles y sus posibles soluciones o estados deseables. Aquí no hay límites a la creatividad. Se permiten todas las ideas que los entrevistados tengan en mente. Es importante dejar claro de antemano que todo lo que los participantes quieran decir es bienvenido. Ninguna idea será condenada o ridiculizada.

A veces son las ideas insólitas que nadie se atrevió a pensar antes las que albergan el mayor potencial. A menudo, sólo entonces queda claro si ese camino puede realizarse realmente y tiene sentido; en otras palabras, si puede conducir a la meta o es más probable que se descarte. Pero incluso en este último caso, pueden derivarse otras soluciones. Esto permite reflexionar sobre qué cambios son posibles en su lugar. Este pensamiento hipotético conduce a nuevas percepciones que, de otro modo, no se habrían considerado en absoluto. Los enfoques creativos también son importantes en la vida profesional en general. El pensamiento creativo no tiene por qué implicar necesariamente un problema. Si te atreves a abandonar los caminos conocidos y a pensar fuera de la caja, verás qué potencial se abre. Es importante ignorar los pensamientos y factores limitantes y meterse de lleno en el experimento de pensamiento hipotético. Ejemplos de este tipo de preguntas son

- ¿Qué harías si el tiempo no existiera?
- ¿Cómo sería tu camino si no tuvieras miedo al fracaso?
- ¿Y si pudieras decidir por ti mismo?
- ¿Cómo es el trabajo de tus sueños y qué sería importante para ti?
- ¿Qué significaría para ti que el dinero no fuera un factor limitante?

Te darás cuenta de que estas preguntas son más bien un juego teórico y no pueden aplicarse directamente en la realidad, pero ofrecen algunas ventajas:

- Fomentan el pensamiento creativo y promueven esta capacidad.

- Los siguientes pasos pueden derivarse de las respuestas. Se generan nuevos impulsos y perspectivas.

- Se incluyen ideas que de otro modo no se habrían debatido en absoluto.

- Muestran posibles vías para salir de los callejones sin salida y hacia una solución del problema y

- Proporcionan información sobre los miedos y esperanzas de los encuestados.

En resumen, las preguntas hipotéticas se utilizan para recorrer y evaluar escenarios en tu mente, para analizar y comparar ideas. Esto puede servir para evaluar si se pueden poner en práctica y cómo.

PREGUNTAS FRECUENTES

Las preguntas milagro son una forma especial de las preguntas hipotéticas que acabamos de presentar. También conducen a nuevas hipótesis de solución. Sin embargo, en una forma extrema. Por eso se les asigna una categoría propia. Además, la pregunta se centra en la situación en la que ya se ha alcanzado un determinado objetivo. Ayuda a ir más allá de los límites del pensamiento y a visualizar nuevas estrategias. En cualquier caso, es más beneficioso centrarse en los deseos, los objetivos y las soluciones que en las dificultades, los problemas y los obstáculos. Por eso el uso de preguntas milagrosas puede ser especialmente útil en situaciones confusas y aparentemente desesperadas. He aquí algunos ejemplos:

- Imagina que el problema se ha resuelto de la noche a la mañana. ¿Cómo lo reconocerías al día siguiente?
- ¿Qué cambiaría entonces en tu vida?
- ¿Qué te parece un mundo perfecto?
- ¿Cómo te sentirías si tu sueño se hiciera realidad de repente?

Como puedes ver, estas preguntas tratan de visualizar el mejor estado posible. Además de nuevas ideas, también puedes redescubrir tu motivación y desarrollar pensamientos y emociones positivas. Otras ventajas son

- El centro de atención pasa del problema a las soluciones y los enfoques.
- Pueden ser el punto de partida de la solución "real".
- Además, las respuestas no están limitadas por nada. Esto permite un pensamiento muy creativo con los correspondientes resultados imaginativos.

Las preguntas-maravilla son, por tanto, bastante abstractas, lo que significa que deben utilizarse siempre de forma controlada. Dominada significa aquí tanto un uso practicado como parco, porque las preguntas no sólo pueden sorprender, sino que las respuestas también pueden aportar perspectivas nuevas e interesantes. Al mismo tiempo, pueden agitar emocionalmente al entrevistado. Debes estar preparado para ello, por eso es importante anunciar estas preguntas con antelación.

PREGUNTAS DE JUSTIFICACIÓN

A menudo nos limitamos a realizar las tareas que nos encomiendan en el trabajo sin cuestionarnos su significado y finalidad exactos, y ése es precisamente el objetivo de las preguntas de justificación. Estas preguntas pretenden que la persona a la que preguntas reflexione sobre sus acciones y, al mismo tiempo, las justifique. De este modo, se pueden revelar los motivos y pensamientos que hay detrás de por qué una tarea se llevó a cabo del mismo modo y no de otro. Las preguntas también pueden servir para verificar supuestos hechos o aclarar perspectivas previamente limitadas sobre una cuestión. Así, se puede analizar un enfoque unidimensional y, por tanto, descartarlo o ampliarlo. Algunos ejemplos de preguntas son los siguientes

- ¿Por qué quieres resolver el problema de la misma manera?
- ¿Por qué estás tan convencido de tu planteamiento?
- ¿Puedes explicar tu plan con más detalle?
- ¿En qué experiencias basas tu decisión?
- ¿Cómo contrarrestas las objeciones de tus colegas?

- ¿Cómo has llegado a esta conclusión?

Estas preguntas no pretenden dejar en evidencia al entrevistado ni poner en duda sus capacidades y logros hasta la fecha, sino todo lo contrario. Al igual que con otras preguntas sistémicas, el objetivo principal aquí es llegar a un acuerdo con la propia realidad y la forma resultante de pensar, actuar y trabajar. A la inversa, esto significa ponerse en el lugar de otras personas y explicarles por qué has elegido este camino y estás tan convencido de tu enfoque. Esto permite al entrevistador comprender mejor la forma de pensar del entrevistado. Otras ventajas son

- Los participantes y el equipo adquieren una mejor comprensión de determinados enfoques.
- También se buscan y explican las razones de estos planteamientos.
- Las visiones unidimensionales pueden reconocerse así
- y se escrutan y rompen los patrones arraigados.

En última instancia, esto anima al entrevistado a reflexionar detenidamente sobre su enfoque. Y quizás esto sea algo positivo. Sin embargo, no cabe duda de que aún puede optimizarse, lo que debería redundar en interés de todos los implicados.

Elige siempre estas preguntas con cuidado. Como ya sabemos, nunca podemos saber con seguridad cómo reaccionará la otra persona a la pregunta y si podría sentirse atacada. Por eso es importante dejar claro cuál es el objetivo de estas preguntas. Por ejemplo, puede que quieras optimizar determinados procesos de trabajo. Por lo tanto, un enfoque empático es la máxima prioridad al hacer preguntas sistémicas y al mantener conversaciones en general. Al fin y al cabo, nadie debe sentirse ofendido.

PREGUNTAS SOBRE LA ESCALA

Este tipo de preguntas sirven como evaluación inicial de los problemas. Te dan una visión general de la situación y pueden reducir su complejidad. Por tanto, el uso de estas preguntas es especialmente útil en los momentos en que un problema es especialmente complejo y sus facetas parecen casi imposibles de abordar. También cuestionan las generalizaciones y ponen de relieve las diferencias en relación con una cuestión concreta.

Por ejemplo, el estado de ánimo en un equipo puede percibirse generalmente como malo.

Sin embargo, al aplicar la pregunta de la escala, reciben respuestas diferentes. Algunos dan las respuestas "1" o "2" y califican así el estado de ánimo como muy malo. Sin embargo, muchos también dan un "5" o un "6", lo que corresponde a un valor medio. Esto ilustra las diferencias y, por tanto, también las opiniones distintas y, sobre todo, subjetivas. Este ejemplo demuestra una vez más la función de análisis e intervención de las preguntas sistémicas. Aquí se analiza la información, lo que supone una diferencia significativa entre 1 y 6. Al mismo tiempo, la pregunta también desencadena un proceso de reflexión. Los entrevistados se dan cuenta de que, después de todo, el estado de ánimo es mayoritariamente bueno. Sin embargo, aquí hay margen de mejora y, sobre todo, hay que analizar los valores más bajos.

Como ejemplos de preguntas de escala, se puede enumerar en primer lugar la variante clásica. Consiste en asignar un valor en una escala del 1 al 10. El 1 corresponde al más débil y el 10 al más fuerte.

Además de esta escala numérica, también existe una escala porcentual. Aquí la pregunta puede ser: "¿En qué porcentaje estás satisfecho con el resultado?" O: "En comparación con dificultades ya resueltas, ¿en qué lugar de la escala clasificas el problema actual?". Una ampliación puede ser entonces la formación de un orden. Por ejemplo: "En tu opinión, ¿cuáles son las tres conclusiones más importantes del taller?". Otras preguntas de la escala podrían ser: "¿Cómo has conseguido pasar de un 6 a un 8?" o "¿Por qué crees que la satisfacción ha bajado de un 9 a un 7?".

Las preguntas escalonadas ofrecen una introducción fácil a un tema y a su tratamiento posterior. Otras ventajas son

- Por un lado, fomenta la autoobservación,
- Por otra parte, los cambios positivos y negativos son rápidamente reconocibles y
- Se pueden utilizar en cualquier situación y no requieren mucha práctica.

En situaciones en las que las cosas son difíciles de objetivar, como la satisfacción, la percepción o la motivación, se pueden hacer "medibles" utilizando preguntas de escala. Además, el encuestado sólo tiene que indicar un número sin tener que definirlo con más precisión. En general, las preguntas de escala hacen que los elementos encuestados sean más tangibles.

PREGUNTAS PARADÓJICAS

El objetivo de estas preguntas es darle la vuelta a la pregunta. A veces la redacción es muy sutil. Esto es intencionado. Sin embargo, es importante anunciarlo al principio de la entrevista. Las explicaciones son útiles para no confundir ni abrumar al interlocutor. La transparencia permite aquí una mayor comprensión. Es importante que la otra persona pueda implicarse en la situación y se sienta segura por ello. Sólo entonces es posible abordar los extremos negativos de sus pensamientos.

Para estas cuestiones también se requiere creatividad. Ante todo, no se trata de resolver un problema, sino de saber qué tendría que ocurrir para que el problema fuera aún mayor y más grave. Paradójico, ¿verdad? Para ilustrarlo, he aquí algunas preguntas de ejemplo:

- ¿Cuál crees que es la causa del fracaso del proyecto?

- ¿Qué te quitaría por completo la motivación para trabajar?

- ¿Cómo podría agravarse el problema?

- ¿Qué tendría que pasar para que te pelearas con tus colegas?

- ¿Cómo alejas por completo al nuevo cliente?

Como puedes ver, estas preguntas dramatizan un problema existente. Sin embargo, esto puede ponerlo en perspectiva y aliviar, al menos parcialmente, la situación. Al mismo tiempo, sin embargo, también muestran lo que no debe ocurrir bajo ninguna circunstancia para no agravar aún más la situación.

Otras ventajas que ofrecen estas preguntas son

- Pueden ser especialmente útiles en situaciones de bloqueo.

- Durante la conversación, también puedes darte cuenta de que el problema no es tan grave como pensabas al principio.

- Una pregunta desconcertante puede producir una respuesta desconcertantemente sencilla.

Sin duda, estas preguntas se caracterizan por un enfoque completamente diferente al de las preguntas anteriores. Pero en algunos momentos necesitas exactamente eso: ver lo que no funcionará en ningún caso. Dar la vuelta a la situación puede ayudarte a acercarte un poco más a la solución. Nunca está de más mirar los problemas desde todos los ángulos e intentar resolverlos. Pero este tipo de preguntas también son más difíciles que las demás y, definitivamente, necesitan práctica.

Cuando trates cuestiones sistémicas, es importante que seas transparente en tus conversaciones. Deja claro a tu interlocutor que ambos tiráis en la misma dirección y que estáis interesados en encontrar una solución conjunta al problema o en mejorar la situación. A veces son necesarios pasos inusuales para ello, pero pueden producir soluciones tanto más eficaces. Lo que debes saber sobre cómo abordar los problemas sistémicos en tu trabajo cotidiano lo veremos más adelante. Antes, en aras de la exhaustividad, se añadirán brevemente algunos tipos más de cuestiones. Sin embargo, no se tratarán con tanto detalle.

OTROS TIPOS DE PREGUNTAS

Otras dos preguntas que pueden clasificarse como preguntas sistémicas son las preguntas sobre imágenes o metáforas y las preguntas sobre excepciones.

Las preguntas sobre imágenes y metáforas apelan a la imaginación y a las emociones. Un ejemplo es: "Supón que se hace una película sobre ti, ¿cuál es el título? ¿Quién aparece en la película? ¿Cómo se distribuyen los papeles? ¿Qué se mostrará? ¿Y cómo es el final?". Por un lado, responder a estas preguntas es un reto y requiere un poco más de tiempo, pero por otro lado también son divertidas. También pueden revelar anhelos y deseos más profundos de la persona que las responde. No sólo se le exige imaginación. Tampoco hay prácticamente límites a la creatividad del preguntador a la hora de seleccionar y formular las preguntas. Esto puede dar lugar a ideas que hagan progresar al empleado interrogado o a todo un departamento.

Veamos ahora las preguntas sobre las excepciones. Algunas personas tienden a percibir y describir las dificultades como una variable constante. En consecuencia, piensan y actúan sobre su problema de la misma manera, normalmente de forma negativa. Esto da lugar a una espiral descendente. El problema se fija como irresoluble, al igual que las acciones de la persona. Sin embargo, como dice el refrán, las excepciones confirman la regla. Y aquí es donde entran en juego las preguntas. Por ejemplo: "¿Hay días en que el empleado llega puntual al trabajo?". La respuesta puede indicar que el motivo del retraso se debe a otras personas, situaciones u otras circunstancias. Por ejemplo, el empleado X puede ser un padre soltero que se ha mudado a una nueva ciudad y tiene que llevar a su hijo a la guardería por la mañana, que sólo abre poco antes de que empiece el trabajo. El empleado no quiere parecer desorganizado porque acaba de ser contratado y no se atreve a abordar la situación por iniciativa propia. Se puede entablar un debate para encontrar una solución al problema. Debes cuestionar las generalizaciones como "siempre" o "nunca" con excepciones. Por ejemplo con:

- "¿De verdad siempre?" o

- ¿"Realmente nunca"?

- "¿Hay alguna excepción?"

- "¿Cuándo estarán disponibles?" y

- "¿Cuál es el motivo de las excepciones?"

Esto permite resolver rápidamente muchos problemas.

Al final de este capítulo se mencionan las preguntas cerradas y abiertas. No forman parte directamente de las preguntas sistémicas, pero se describen para completar el área.

Estas preguntas suelen servir únicamente para obtener información. Las preguntas cerradas pueden responderse con un "sí" o un "no". Por ejemplo: "¿Has negociado el contrato con el cliente X?". Las preguntas cerradas rara vez deben utilizarse en una entrevista, ya que ponen al entrevistado bajo presión. Puede surgir una sensación de "interrogatorio", sobre todo si se hacen muchas de estas preguntas seguidas. Esto crea una actitud negativa en la conversación. Utilízalas más bien para tomar decisiones concretas o si quieres asegurarte de que has entendido correctamente a tu entrevistado en el sentido de la escucha activa.

Si lo que te interesa principalmente es obtener información, en este punto son preferibles las preguntas abiertas. Empieza con las palabras interrogativas "W". Es decir, quién, qué, dónde, cómo, cuándo, por qué, para qué, por qué, etc. Esto permite un diálogo más abierto y anima al entrevistado a dar más detalles. Así obtendrás una mayor variedad de información.

Ten en cuenta que las dos últimas preguntas están destinadas principalmente a recopilar información. Por supuesto, esto es necesario en muchos aspectos. Sin embargo, no debes dar al entrevistado la sensación de estar siendo "interrogado". Por tanto, deberías practicar utilizando las preguntas sistémicas presentadas. Ahora puedes averiguar qué conocimientos te faltan para utilizarlas con habilidad y confianza.

La aplicación de las preguntas

Ahora ya sabes que estas preguntas existen. También hemos descrito detalladamente cómo puedes formularlas y qué ventajas aportan. Además, necesitas cierta sensibilidad para saber cuándo tienen sentido qué preguntas. Por ejemplo, si necesitas resultados en un breve espacio de tiempo o si una discusión se prolonga durante mucho tiempo sin resultados, son adecuadas las preguntas orientadas a la solución y las preguntas de escala. Estas últimas proporcionan una visión general de la gravedad o urgencia de un problema, a la que luego se puede responder con otras preguntas, como las orientadas a la solución. Se centran en los recursos y puntos fuertes existentes que puedes aprovechar.

Si dispones de un poco más de tiempo o estás planificando un nuevo proyecto, las preguntas hipotéticas y las preguntas incógnitas suelen ser perspicaces. Conducen a ideas creativas y nuevos enfoques que antes no se consideraban realizables. También porque a menudo ni siquiera se había pensado en ellos.

En caso de situación de bloqueo, puedes utilizar preguntas de sondeo, paradójicas y circulares. Se trata de reflexionar sobre tus propias acciones y buscar fuentes de error u oportunidades de mejora. Las preguntas paradójicas pueden resultar confusas al principio, pero pueden revelar opciones sorprendentes. Las preguntas circulares ofrecen la oportunidad de adoptar una perspectiva diferente. Mirar desde una dirección diferente puede conducir a nuevos impulsos y soluciones.

Sin embargo, las preguntas paradójicas, hipotéticas y milagrosas suelen conseguir poco o nada en poco tiempo. Por tanto, es importante saber de cuánto tiempo dispones. Esto te permitirá seleccionar las técnicas de interrogatorio adecuadas.

Además del tiempo disponible, también es beneficioso un cierto nivel de confianza. Cuanto más fuerte sea ésta, más intensa y seriamente podrán comprometerse tus interlocutores con la situación y las preguntas. En última instancia, esto beneficia a un diálogo constructivo.

La confianza es aún más importante a medida que aumenta la complejidad de las preguntas. Una pregunta cerrada con una respuesta de sí o no o una pregunta de escala no requieren tanta confianza como una pregunta milagrosa, por ejemplo, que puede tocar emociones y deseos más profundos. Debes reconocer la confianza depositada en ti con aprecio y formularla como tal. Por tanto, una actitud abierta, sin prejuicios y empática por tu parte es la base de estas conversaciones. En general, tus empleados encontrarán más fácilmente el camino hacia ti y no temerán pedirte consejo, incluso si tienen problemas.

Además, no siempre tiene sentido mantener o incluso forzar una conversación tan intensa en todas las situaciones, ya que el estado de ánimo del empleado o colega y otras tareas pendientes también desempeñan un papel importante. Dado que se requiere mucha creatividad y espontaneidad en el pensamiento, así como apertura y confianza general por parte del entrevistado, es comprensible que no siempre pueda ser el momento adecuado para una conversación de este tipo. Por tanto, también es necesario tener un buen sentido de la oportunidad.

Además, no siempre es necesario mantener un diálogo directo. También puede (!) ser suficiente si (inicialmente) envías tus preguntas a tus colegas por escrito. Por un lado, esto puede servir como preparación para la conversación, y por otro, una formulación por escrito ofrece a menudo una discusión más intensa del tema. Por supuesto, esto debe considerarse siempre de forma individual y sólo debe presentársete como una idea más. Un registro escrito de la conversación también puede servir para el seguimiento y, por tanto, para la reflexión. Anotar el contenido importante de la conversación crea imágenes que, por un lado, promueven el autodiálogo interior, que incluso puede dar lugar a nuevas ideas, y por otro, estas imágenes quedan entonces mejor ancladas en tu conciencia. A continuación te presentamos otros consejos breves.

Presta atención a las señales del habla

Durante una conversación, presta atención a señales como el volumen y el lenguaje corporal, el tono de voz, el contacto visual, etc. Éstas dan pistas importantes - por ejemplo, si la otra persona se siente cómoda o no. Éstas dan pistas importantes: por ejemplo, si la otra persona se siente cómoda o no.

La longitud de la pregunta

Cuanto más cortas se formulen las frases, más fáciles serán de entender. Esto también se aplica a las preguntas. Por otra parte, una pregunta más larga deja más espacio para narraciones y detalles, que también pueden ser importantes. Al mismo tiempo, existe el "peligro" de desviarse del tema real. Por tanto, aquí se requiere tu intuición. Piensa cuál es tu intención con la pregunta y luego elige la redacción adecuada.

Evita una "emboscada de preguntas"

Las preguntas formuladas una tras otra sin pausa ejercen presión. El entrevistado apenas tiene tiempo para pensar y responder a las preguntas, por lo que pierde rápidamente la motivación.

Muestra interés

No te repliegues tras las preguntas, sino expresa tu interés genuino, por ejemplo utilizando frases como "Tengo curiosidad...", "Me gustaría saber..." o "Me interesa...". Esto demuestra tu participación activa en la conversación y, al mismo tiempo, quita presión a la otra persona.

Tómate descansos

Las pausas, que debes incluir entre pregunta y pregunta, también ayudan a aliviar la presión. De lo contrario, el entrevistado se sentirá presionado y se quedará literalmente sin aire para responder.

Escucha activamente

Escuchar y preguntar van de la mano. Sin embargo, no todas las formas de escuchar son iguales. Cuando escuchas pasivamente, se percibe lo que se dice, pero no das ninguna respuesta e incluso puedes emitir un juicio de valor. Esto debe evitarse a toda costa y es posible mediante la escucha activa. Por ejemplo, puedes incluir la respuesta del entrevistado en tu declaración y asegurarte de que la has entendido correctamente. También puedes incorporar la respuesta dada a tu siguiente declaración o pregunta. De este modo, pones a tu entrevistado en el centro de la conversación y, al mismo tiempo, demuestras un interés y una capacidad de respuesta sinceros.

Evita las preguntas capciosas

Al hacerlo, indicas la dirección en la que te gustaría escuchar la respuesta. Sin embargo, esto no funciona en una conversación de este tipo y hace que el entrevistado se sienta incómodo. Este tipo de preguntas contienen palabras como "sin embargo", "aproximadamente", "probablemente", etc. Un ejemplo: "Usted también opina que...". Como las excepciones confirman la regla también en este caso, puedes utilizar conscientemente preguntas sugerentes en los momentos adecuados, de forma humorística y positiva.

Por último, nos gustaría referirnos una vez más a la toma de conciencia del trasfondo teórico de la comunicación y del pensamiento y la acción humanos. Al principio se te presentaron los modelos de la autopoiesis, el constructivismo y la cibernética de segundo orden, así como los axiomas de Paul Watzlawick y los cuatro lados de la comunicación según Schulz von Thun. Esta introducción teórica no era ni es exhaustiva, pero proporciona una visión de este ámbito. También proporciona una base sólida para organizar una conversación de forma orientada a los objetivos y para responder adecuadamente a las respuestas de la otra persona.

Los siguientes ejemplos prácticos te mostrarán cómo afrontar las situaciones problemáticas que puedan surgir.

Ejemplos de la práctica para la práctica

En este capítulo se describen cuatro conversaciones en las que se utilizan preguntas sistémicas. A una breve descripción de cada situación le sigue un extracto de la conversación. A continuación se incluye una lista de control que puedes utilizar para preparar conversaciones similares.

LA ENTREVISTA DE TRABAJO

Cuando buscas un nuevo empleado, normalmente quieres averiguar toda la información posible sobre el candidato y sus aptitudes.

En este ejemplo, te gustaría saber durante la entrevista cómo valora el candidato Sr. V. sus competencias y si tiene ambiciones de ascenso. Por eso le preguntas: "Imagina que esta empresa es un equipo de fútbol. ¿Qué puesto se adaptaría mejor a tus aptitudes y dónde te ves dentro de 5 años?". El Sr. V. responde: "Bueno, si me aceptan para este puesto, me veo inicialmente en la posición de jugador central, en el centro del campo o como delantero. Por un lado, quiero tener una buena visión de conjunto del equipo y también vigilar la organización y la cooperación del equipo; por otro lado, quiero ofrecer buenos resultados, aquí en forma de goles. Dentro de 5 años, me gustaría ser al menos capitán del equipo. Sigo queriendo estar cerca del equipo y contribuir activamente a su éxito. También me imagino convirtiéndome en entrenador del equipo y asumiendo aún más responsabilidades. Me gusta el contacto con la dirección y la combinación resultante de teoría y práctica."

La **pregunta metafórica** que has formulado permite al Sr. V. describir sus capacidades y su deseo de desarrollo de forma creativa. Esto te dará una visión diversa de sus pensamientos.

Para saber más sobre las necesidades y deseos del Sr. V respecto a su posible futuro lugar de trabajo, hazle la siguiente pregunta final: "Supón que pudieras crear tu día de trabajo perfecto, ¿cómo sería?". Su respuesta es: "En un día de trabajo perfecto, entro en la oficina y me encuentro con compañeros alegres. A continuación, me esperan varias tareas en mi mesa: preparo un presupuesto para un nuevo cliente, luego mantengo una reunión online con él y finalizo el contrato. Después me reúno con mi equipo y hablamos de las cosas más importantes, informamos de las novedades y los éxitos y trabajamos en un nuevo proyecto al que cada uno puede aportar sus puntos fuertes. Si además hubiera un almuerzo estupendo, ¡sería genial!".

¿Qué deduces de esta historia? Un buen ambiente de trabajo, una variedad de tareas, el trabajo independiente y autónomo, el éxito y una oferta de comida atractiva son importantes para el Sr. V.. Esto dice algo sobre su ética laboral, por un lado, y algo sobre sus deseos, por otro. Por tanto, las respuestas a esta

pregunta milagrosa ofrecen al empresario muchos puntos de partida posibles.

A continuación te presentamos dos de las preguntas sistémicas y cómo puedes integrarlas en una entrevista. Puedes dar rienda suelta a tu creatividad. Sin embargo, hay algunas cosas que debes tener en cuenta. Las encontrarás en la siguiente lista de control:

- ¿Qué puesto solicita el candidato?
- ¿Qué tareas hay que cumplir aquí?
- ¿Hay mucho contacto con los clientes?
- ¿Tiene el solicitante experiencia profesional?
- ¿Qué habilidades y características tiene que sean relevantes para el puesto?
- ¿Cómo reacciona en situaciones estresantes o delicadas?
- ¿Qué otra información necesitas del solicitante?

Esta lista puede ampliarse en función del puesto, pero ya proporciona preguntas básicas que puedes hacer durante la entrevista.

COMPETENCIA CRECIENTE

Una empresa de confección empieza a preocuparse porque otras empresas similares son cada vez más grandes y, por tanto, representan una seria competencia. Se celebra una reunión entre la directora gerente, la Sra. M., y el jefe de todo el departamento, el Sr. F., para buscar ideas iniciales.

La Sra. M. pregunta: "En una escala del 1 al 10, ¿cómo calificarías nuestro crecimiento y el de nuestros competidores en los últimos 5 años? 1 significa ningún crecimiento, 10 es un crecimiento que se ha disparado".

El Sr. F. reflexiona: "Describiría nuestro crecimiento como un 5. Está dentro de lo esperado, pero no más que eso. La competencia es más bien un 8. Tienen mucho éxito en algunas áreas".

"Dijiste una media de 5", resume la Sra. M. "Entonces, ¿hay excepciones que suben y bajan?".

"Hm, sí", dice el Sr. F. "Nuestras ventas online son las que más han aumentado. En cambio, el negocio presencial nos está arrastrando. Por tanto, yo haría de la expansión de las ventas online el principal proyecto para el futuro próximo y vería si podemos reducir los demás."

"¿Por qué quieres resolver el problema así?", pregunta la Sra. M.

El Sr. F. responde: "En primer lugar, porque aún no está claro si los clientes volverán a las tiendas y cuándo, y en segundo lugar, porque nuestros competidores operan exclusivamente en línea y, por tanto, pueden ofrecer sus prendas a precios más atractivos. En mi opinión, ésta es también la opción más segura para el futuro".

Este debate revela ideas y posibilidades iniciales que ahora la empresa puede examinar más a fondo y poner en práctica si es necesario. La directora gerente, la Sra. M., incorporó tres preguntas sistémicas. La primera era una **pregunta de escala**. Se utilizó aquí tanto para la autoobservación como para la observación externa. Esto significa que se pueden reconocer directamente las diferencias entre la propia empresa y la competencia. La segunda pregunta aborda la respuesta del Sr. F. preguntando por **las excepciones.** Éstas muestran qué áreas tienen un balance positivo y cuáles negativo. De ahí pueden derivarse los cambios correspondientes. Con la tercera pregunta, una **pregunta de justificación,** quiere averiguar finalmente el sentido y la finalidad de su propuesta. Explica en consecuencia los motivos de su decisión.

En tales situaciones, es importante abordar el problema imperante. Por lo tanto, debes tener en cuenta lo siguiente durante esas conversaciones:

- ¿Cuál es el problema actual?
- ¿Qué facetas o ámbitos abarca?
- ¿Quiénes son los mejores contactos aquí?
- ¿Tiene sentido hablar directamente con todo el equipo o con personas individuales una tras otra?
- ¿En qué medida afecta el problema al ambiente del equipo?
- ¿Podemos resolver el problema internamente o necesitamos ayuda externa?
-

PARA PROBLEMAS CON LOS CLIENTES

La empresa K. es un cliente importante de la empresa S. Recientemente, la empresa S. ha estado haciendo entregas tardías a la empresa K. La empresa ha anunciado ahora que buscará otro proveedor si las entregas siguen sin llegar en el plazo acordado. El Sr. P., director general de la empresa S., se reúne entonces con el Sr. D., el empleado responsable.

Durante la conversación, el Sr. P. le pregunta: "¿Qué harías si el dinero no fuera un problema?". El Sr. D. responde: "Si tuviéramos un margen financiero ilimitado, contrataría a más empleados". El pedido de K. ha aumentado en los últimos meses. El tiempo de que disponemos sólo se ha ampliado mínimamente. Pudimos obtener una oferta muy atractiva y pensamos que podríamos gestionarla. Pero si las cosas siguen así, tendremos que volver a negociar, lo que probablemente no gustará a la empresa. Pero como he dicho, funcionaría con más empleados". El Sr. P. resume: "Vale, eso significa que o necesitamos más tiempo o más empleados. Recuerdo que pudiste resolver un problema similar hace unos años. ¿Cómo lo abordasteis?" El Sr. D. responde: "Ah, sí, tienes razón. No creo que la empresa

K. nos dedique más tiempo. Y menos ahora, que de todas formas tienen que esperar más por la mercancía. Y tú lo has dicho: ya hemos tenido problemas de este tipo en el pasado. Así que contrataría a más empleados, como hice entonces. Sin embargo, no los contrataría a largo plazo. Así que quizá deberíamos pensar en una ampliación fundamental. Tenemos el espacio y la experiencia para hacernos cargo de más clientes importantes. Lo que nos falta es mano de obra en forma de empleados suficientes".

La **pregunta hipotética** planteada aquí proporciona primero el impulso para recopilar ideas sin que factores limitadores como el dinero restrinjan los pensamientos. A continuación, el Sr. P. formula una pregunta **orientada a la solución para** concretarlas más y aplicarlas en el mundo real. Por un lado, permite al Sr. D. recordar un problema que ya se ha resuelto con éxito. Por otro, la pregunta dirige su atención hacia posibles soluciones y señala planteamientos iniciales que considera útiles para la empresa.

Los problemas con los clientes pueden surgir una y otra vez. Para resolverlos de la forma más eficaz y, sobre todo, sostenible posible, debes tener en cuenta lo siguiente cuando lo hagas o en las conversaciones con tus colegas:

- ¿Ha habido problemas similares en el pasado?
- ¿Cuál era el procedimiento entonces?
- ¿Qué puedes extraer de esto para la situación actual?
- ¿Qué recursos puedes activar dentro de la empresa?
- ¿Qué áreas o personas deben participar en los debates?
- ¿Cuál es la causa del problema y cómo puede evitarse en el futuro?

EN CASO DE INSATISFACCIÓN EN EL EQUIPO

La jefa de departamento, la Sra. C., ha recibido últimamente muchos comentarios sobre el mal humor del equipo. Quiere llegar al fondo del asunto, por lo que invita a los empleados a reuniones individuales. Quiere tener una visión general de las distintas opiniones. Durante la conversación con el empleado Sr. E., plantea la siguiente pregunta: "Imagina que un observador observa lo que ocurre en la oficina a lo largo del día. ¿Qué vería y qué diría al respecto?".

El Sr. E. responde: "Vería que todo el mundo se sienta en su mesa y trabaja en silencio. Prácticamente no hay diálogo entre ellos. No hay razón para ello, porque cada uno hace sus propias tareas y no hay nada en lo que trabajar juntos. No tengo la sensación de que seamos un equipo. También vería que apenas nos reímos ni hablamos de cosas privadas. No tenemos tiempo para eso porque hay mucho que hacer. Creo que el estado de ánimo casi ha tocado fondo".

La Sra. C. le da el siguiente feedback: "¡Muchas gracias por tu franqueza! Definitivamente hay muchas cosas en las que puedo trabajar para mejorar el estado de ánimo en el equipo. ¿Qué tendría que pasar para que el estado de ánimo llegara a cero?". El Sr. E. responde: "Oh, sí, creo que tendría que seguir como antes, que simplemente no ocurriera nada dentro del equipo que lo convirtiera en un equipo, como trabajar juntos en tareas o proyectos o que a veces hiciéramos actividades fuera del trabajo."

Esta respuesta a la **paradójica pregunta del** jefe de departamento estimula la creatividad del trabajador, y al mismo tiempo expresa sus deseos, que el jefe de departamento puede interpretar simultáneamente como sugerencias de mejora . Con la pregunta **circular** planteada al principio, el Sr. E. se sitúa en la metaperspectiva de la observación. Describe cómo percibe el día en la oficina y la dinámica dentro del equipo. Esto proporciona a la Sra. C. muchas ideas sobre cómo influir positivamente en el estado de ánimo. Por ejemplo, puede poner en marcha proyectos en los que sus empleados puedan trabajar juntos, u ofrecer días de equipo que deja que ellos organicen. Planificar y pasar tiempo juntos fuera del trabajo puede ayudar a los empleados a crecer juntos como equipo y a disfrutar más viniendo a trabajar.

En caso de conflicto o insatisfacción general en el equipo, debes tener en cuenta lo siguiente durante las discusiones:

- ¿Qué tipo de conflicto es?
- ¿Entre qué personas existe?
- ¿Son útiles las discusiones individuales, en grupo o una combinación de ambas?

- ¿Existe una relación adecuada entre los interlocutores y tú, de modo que confíen en ti?

- ¿Cómo se han resuelto conflictos similares en el pasado?

CONSEJOS GENERALES PARA PREPARAR UNA ENTREVISTA

Ahora ya sabes qué preguntas existen, qué ventajas ofrecen y cómo pueden ser en la práctica. Los ejemplos anteriores sólo han mostrado una posible sección de una conversación. Sin embargo, la aplicación independiente puede ser un reto, sobre todo al principio. Por eso, los siguientes consejos te proporcionarán una guía que puedes seguir para preparar y realizar una entrevista.

El primer paso es definir el problema con precisión. Muestra por qué es importante el diálogo. El primer paso es delimitar el problema. Puedes pensar en esto

- ¿Cuál es el problema?

- ¿Qué efectos tiene?

- ¿En qué sentido son problemáticos?

- ¿Quién está implicado en los problemas y, por tanto, también debe participar en los debates?

- ¿Existe algún factor que obstaculice de forma evidente la solución del problema en este momento?

- Si es así, ¿por qué y cómo se pueden contrarrestar?

Por tanto, es importante obtener una visión de conjunto de la situación. Por tanto, hay que contextualizar el problema. Esto significa

- ¿Cuándo empezó el problema?

- ¿Se produce en un contexto específico?

- ¿Hay momentos en los que no se produce?

- ¿El problema seguirá siendo el mismo o cambiará?

- Si cambia: ¿en qué condiciones?

Las preguntas W descritas anteriormente te ayudarán a delimitar el problema. Sólo tiene sentido hablar con las partes implicadas si el problema está claramente definido. De lo contrario, es muy probable que se te vaya de las manos y no conduzca a un resultado constructivo.

Las preguntas sistémicas sólo se utilizan una vez completados estos pasos. Anotar algunos puntos clave puede ser útil para el debate. Por ejemplo, anota los puntos que deben discutirse absolutamente. También puedes anotar las preguntas que te gustaría hacer en cualquier caso. Aquí puedes considerar qué tipo de preguntas quieres utilizar para conseguir lo máximo posible. Ya conoces las ventajas de las distintas preguntas.

Las preguntas sistémicas no son una panacea. Más bien son una forma de permitir que surjan otras ideas interesantes y, sobre todo, inusuales. A menudo dan lugar a sugerencias que luego pueden considerarse con más detalle.

Además de los aspectos que debes poner en práctica, también hay algunos que debes evitar. Por ejemplo:

- Hacer demasiadas preguntas a la vez y abrumar a la otra persona,
- tienen un matiz amenazador o sarcástico que ya orienta la respuesta en una dirección,

- no dar tiempo a la otra persona para responder,

- Hacer preguntas capciosas o incluso

- no muestran empatía ni interés genuino por las respuestas.

Unas palabras finales

Los ejemplos muestran claramente que las preguntas sistémicas pueden ser muy eficaces. Ofrecen muchas oportunidades para adoptar una perspectiva diferente y ver los problemas desde esta perspectiva. Para que sean eficaces, todos los participantes en el diálogo deben estar **dispuestos a liberarse** de pautas de pensamiento y acción anteriores y posiblemente arraigadas. Esto da lugar a planteamientos creativos y, a veces, sorprendentes. Para ello es importante disponer de **tiempo** suficiente, así como de la libertad y la seguridad necesarias para plantearte tus ideas y deseos sin vacilar. Esto requiere una base adecuada **de confianza**.

Ciertamente, la aplicación de las preguntas requiere práctica, así como saber cuándo es mejor utilizar cada tipo. Los ejemplos que acabamos de mostrar, así como las preguntas individuales presentadas, proporcionan información al respecto. Para darte una visión de conjunto, aquí se resumen los consejos más importantes que, en general, debes tener en cuenta al mantener una conversación.

- Conocer el trasfondo teórico del pensamiento y el comportamiento humanos, así como los fundamentos de la comunicación (capítulos 2.1 y 2.2).
- Sé sensible a la elección de las preguntas y al momento de la entrevista. Esto requiere práctica y paciencia.
- Por tanto, date tiempo a ti mismo y a tu interlocutor.

- Un uso sostenible de las preguntas sistémicas también requiere empatía y escucha activa.

- Esto va unido a prestar atención a las señales no verbales.

- Puede ser útil anunciar preguntas sistémicas, por ejemplo en el caso de preguntas paradójicas.

- Utiliza más preguntas abiertas que cerradas para recabar información.

- Observa el efecto de las respuestas escritas a las preguntas. Utilízalas para la preparación y/o el seguimiento.

En conclusión, queda por decir: haz más preguntas en general y mantén así la comunicación dentro de tu equipo. Esto te permitirá reconocer las dificultades en una fase temprana. A menudo, esto significa que no surgen problemas graves. Y si lo hacen: utiliza las preguntas como lluvia de ideas para tener éxito juntos.